C. Snouck Hurgronje

Dr. C. Landberg's

C. Snouck Hurgronje

Dr. C. Landberg's

ISBN/EAN: 9783743331198

Hergestellt in Europa, USA, Kanada, Australien, Japan

Cover: Foto ©ninafisch / pixelio.de

Manufactured and distributed by brebook publishing software (www.brebook.com)

C. Snouck Hurgronje

Dr. C. Landberg's

D^R. C. LANDBERG'S „STUDIEN"

GEPRÜFT VON

D^R. C. SNOUCK HURGRONJE.

COMMISSIONS-VERLAG
VON
E. J. BRILL. — LEIDEN.
1887.

كلّ من صفّ صواني قال انا حَلْواني

(Landberg, Proverbes et Dictons I: 120, vgl. Burckhardt, Manners and Customs, N°. 591).

Herr Landberg hat vor ein paar Wochen eine höchst eigenthümliche Gabe ¹) mit milder Hand an seine Fachgenossen vertheilt. Der halb deutsche, halb lateinische Titel seiner *Critica* macht uns begierig zu sehen, in welcher von diesen beiden Sprachen das Buch selbst abgefasst sein mag: da überrascht unser Auge eine französische Vorrede! Darauf bespricht der Verf. in deutscher Sprache eine Textausgabe D. H. Müllers, in französischer Sprache zwei resp. von de Goeje und Houtsma herausgegebene arabische Texte, sodann folgt ein deutscher Aufsatz über meine »*Mekkanische Sprichwörter und Redensarten*", welcher mehr als ein Drittel des ganzen Buches einnimmt, und nach des Verf. eigner Aeusserung (S. 88: »ich habe daher auch nur Studien über sein Buch, keine eigentliche *Critica* gemacht") eigentlich gar nicht in dasselbe hinein gehört. Französische Mittheilungen über schwedische Preisaufgaben und über den nächsten Orientalistencongress bilden den Schluss dieses Sammelsuriums.

Herr Landberg scheint eine Vorliebe für das Veröffentlichen I[ster] Bände, resp. Lieferungen, zu haben: die Vorrede

---

1) *Critica arabica* von Dr. Carlo Graf von Landberg, N°. I, Leiden 1887.

zum ersten Bande seiner »*Proverbes et dictons du peuple arabe*", mit welchem er 1883 in Leipzig *in absentia* in der Philosophie promovirt hat, eröffnet den Lesern die Aussicht auf baldige Fortsetzung dieser sprachlichen Studien in 14 neuen Bänden. Statt dieser hat dann aber Landberg 1886 das erste Fascikel seiner »*Primeurs Arabes*" und jetzt wieder die erste Lieferung seiner »*Critica*" erscheinen lassen. Schon dieser Umstand macht es erklärlich, dass ich auf den gastfreien Vorschlag des Verf., eine etwaige Erwiderung für eine folgende Nummer zu schreiben, nicht eingehen kann; meine Ablehnung der ضِيَافَة hat aber auch noch andere Gründe, welche sich aus dem Nachfolgenden von selbst ergeben werden. Was ich zu sagen habe, lege ich also ohne jegliche Vermittlung den Sachverständigen vor.

Herr Landberg hat den Vortheil gehabt, ziemlich lange im muslimischen Orient zu leben, länger als dies gewöhnlich den wenigen Orientalisten vergönnt ist, welche überhaupt reisen können. Er übertreibt zwar, wenn er hie und da seinen Aufenthalt im Orient auf neun Jahre ansetzt, denn zwischen Anfang und Ende dieser Periode liegt doch ein nicht ganz unbedeutender Zeitraum, den L. in Europa verbrachte. Auch macht es einen Unterschied aus, ob man mit ziemlich dürftigen Kenntnissen des Arabischen in den Orient kommt, oder ob man vorher eingehende Studien gemacht hat, und also von Anfang an über gute Instrumente zur Beobachtung sprachlicher und ethnographischer Verhältnisse verfügt. Es bleibt aber die Thatsache bestehen, dass L. mehrere Jahre in Syrien gelebt, Egypten zu wiederholten Malen besucht, und sich dort energisch mit dem Studium der arabischen Sprache befasst hat. Daher war denn auch der erste Band seiner *Proverbes* den Arabisten Europa's eine höchst willkommene Erscheinung; namentlich die erstmalige Lektüre desselben übt eine anregende Wirkung aus Wer das Buch durchstudirt oder auf die Dauer benutzt, wird etwas enttäuscht: viele Sprichwörter, auch solche, bei deren Besprechung der Verf. seine Vorgänger nicht erwähnt, sind nur der Form nach neu; vieles Grammatische hatte schon Spitta ebenso behandelt wie Landberg; vieles Lexicographische war ebenfalls schon bekannt, z. B. durch Dozy, dem Landberg so viele Vorwürfe macht, dass man wenigstens sollte erwarten können, auch seine Verdienste da anerkannt zu sehen, wo Landberg von ihm Gesagtes wiederholt. Zieht man von den 316 Seiten seiner Dissertation dasjenige ab, was Andere schon vor ihm gesagt hatten, so bleibt ein kleiner Band übrig, der sehr nützliche Beiträge zur Kenntniss des syrischen Dialectes und einiges über die Sitten der Syrer enthält, dessen Inhalt aber der etwas prahlerischen, in endlosen Wiederholungen sich gefallenden *Introduction* nicht entspricht. Je mehr Bewunderung man für das unverkennbare Talent des Verf. der »*Proverbes*" gewonnen hat, um so lobhafter bedauert man, dass der fruchtbaren Entwicklung dieser Begabung eine Eigenschaft im Wege steht, welche den Dilettanten vom wissenschaftlichen Forscher unterscheidet: die maasslose Ueberschätzung eigner Kräfte und Kenntnisse. Vielleicht mit hiedurch verursacht ist Landberg's ungemeine Neigung zum Generalisiren, welche sich gleichfalls schon in seinen *Proverbes* dem aufmerksamen Leser zeigt. Schon die Worte »überall", »nirgends", »im ganzen Orient", »alle Araber", »kein Araber" u. dgl., welchen wir auf Schritt und Tritt begegnen, zeugen davon. Solche allgemeine Urtheile sind im gewöhnlichen Verkehr Zeichen des Mangels an Erfahrung, oder auch einfache *lapsus linguae*; wer aber in wissenschaftlichen Schriften sich davor nicht zu hüten weiss, entbehrt der Schulung, und hat keinen Anspruch auf das Vertrauen seiner Leser. Ich muss gestehen, dass mein Glaube an die Richtigkeit vieler allzu bestimmt formulirter und generalisirender Urtheile Landberg's in seinen *Proverbes* schon bedenklich erschüttert war, als ich nach Arabien reiste. Als ich nun in Erfahrung brachte, dass z. B. ein Sprichwort, von welchem Landberg, *Proverbes, Introduction*, S. XI, mit besonderem Nachdruck betont, dass es der ungebildeten Menge unbekannt sei, in Dschidda und Mekka allgemein bekannt ist und von völlig Ungebildeten oft gebraucht wird, als ich an Ort und Stelle constatirt hatte, dass nahezu alles, was er über Mekka mittheilte, falsch war, und manche auf das ganze arabische Sprachgebiet sich beziehende Mittheilung im *Hidschaz* nicht zutraf [1]), da verlor Landberg für mich gänzlich die Würde eines مجتهد, mit welcher er sich einstweilen selbst bekleidet hatte.

Ueber den Zweck meiner Reise nach Arabien habe ich mich wiederholentlich geäussert; in meinem Buche »Mekkanische Sprichwörter", S. 1 folgendermaassen: »..... beab- »sichtigte ich ..... *die Beobachtung des vom Islâm beherrschten* »*häuslichen und gesellschaftlichen Lebens an einem Punkte, wo* »*die muslimische Cultur von europäischen Einflüssen am wenig-* »*sten berührt ist* und gar nicht von Europa controllirt wird. »Zugleich wollte ich mit eignen Augen sehen, welche Wir- »kungen der Islâm von jenem Centrum aus auf die Länder »ausübt, woher jährlich Pilger dahin zusammenströmen, na- »mentlich in Bezug auf die ostindische Inselwelt." Durch Landberg's Brille gelesen heisst dies (*Critica*, S. 54): »sein »Zweck war nur Hidjâz zu besuchen, um da insbesondere mit »indisch-holländischen (!) Pilgern zu verkehren." Ganz abge-

---

1) In Bezug auf *eine* von seinen sprachlichen Neuigkeiten gibt er dies zu; *Critica*, S. 69: „Im ersten Band meiner Prov. et Dict. habe ich Unrecht gehabt, überall *n.inn* zu schreiben". Er hatte dies aber nicht nur geschrieben, sondern ausdrücklich die Ansicht, dass diese Regel nicht ausnahmslos gelte, als falsch hingestellt (*Proverbes*, S. 1).

sehen davon, dass letztere Species von Pilgern mir völlig unbekannt ist, wird man zugeben, dass Herr Landberg in der Lesekunst noch Fortschritte zu machen hat. Ich wollte nur hervorheben, dass der Hauptzweck meiner Reise nicht die Förderung sprachlicher Studien war, weil man mir sonst mit vielem Rechte hätte vorwerfen können, dass ich keine reichere Ernte von Daten über allerlei andere arabische Dialecte ausser dem mekkanischen heimbrachte. Mekka wäre nämlich zur Sammlung solches Materials ein sehr geeigneter Ort, weil es dort, ausser den zahllosen fremden »Gästen", bedeutende Kolonien von Syrern, Egyptern, Hadhramī's u. s. w. gibt, sodass man jeden Tag die verschiedensten Dialecte und Nüancirungen beobachten kann. Es klingt etwas komisch, Herrn Landberg sagen zu hören (*Critica*, S. 54), »dass Snouck nur den Mekkadialect kennt"; ich glaube doch, dass ich die ausgezeichneten Hülfsmittel für die Kenntnis der Sprache Qairo's, welche wir Spitta verdanken, ordentlich benutzt habe; auch kenne ich verschiedene Arbeiten über den syrischen Dialect. Wenn man mit dieser Vorbereitung ein Jahr lang fast nichts Anderes als Arabisch hört und spricht, so darf man wohl beiläufig (und ich habe dies nur höchst selten gethan) über die Dialecte Syriens und Egyptens ein Wort mitreden. Mir liegt die Absicht fern, mit Herrn Landberg im Selbstlobe zu wetteifern; aber die Beschränkung meiner Bekanntschaft mit Modernarabisch auf den Dialect Mekka's lasse ich doch nur fast in gleichem Maasse gelten, wie die der seinigen auf den Dialect der Syrer. Bleibt der Unterschied, dass ich über einen andern Dialect als den mekkanischen fast nie ein Wort gesagt habe, ohne meine Autoritäten zu nennen, während L. immerfort über *alle* Araber und *alle* arabische Länder spricht, als hätte er die Wundermacht, sich zu vertausendfältigen. Ich sah mich aus den oben angegebenen Gründen genöthigt, nur den eigentlichen Mekkadialect zum Objecte meiner sprachlichen Beobachtung zu machen, das Studium der andern dort gesprochenen Dialecte aber nur insofern zu treiben, als sich mir zufällig die Gelegenheit dazu darbot. Wie die Sprache Mekka's sich entwickelt hat, welchen fremden Einflüssen dieselbe immerfort ausgesetzt ist, welche Umstände. ihr trotzdem einen eignen, im Wortschatz und in der Grammatik ziemlich stark ausgeprägten, Charakter erhalten haben, das alles habe ich in kurzem S. 2 meiner *Sprichwörter* angedeutet; vergl. auch meinen demnächst in den »*Abhandlungen der Gesellschaft für Erdkunde*" in Berlin zu veröffentlichenden Vortrag. Wenn die von Landberg formulirte Frage »wo man am besten Arabisch spreche" wirklich eine Frage wäre, und wenn man zu deren Entscheidung wirklich, wie er jetzt [1]) (*Critica*, S. 55) will, die schul-

---

[1]) Alles gänzlich gegen die von Landberg selbst in der *Introduction* zu seinen *Proverbes et Dictons* aufgestellten Grundsätze, welche durch seine neueste Offenbarung -abrogirt" zu sein scheinen.

mässige Schriftsprache als Maassstab anzuwenden hätte, so hätte ich das Recht, mein Scherflein zur Lösung dieses Problems beizutragen; jeder vorurtheilsfreie Sachverständige würde mir zugeben, dass man in diesem Falle den Dialect Mekka's dem syrischen und dem egyptischen vorziehen müsste. Wenn ich nicht irre, wird aber Landberg mit der Anwendung dieses ebenso wenig ästhetischen als wissenschaftlichen Criteriums ziemlich allein stehen. Die Frage, »wo man am besten Deutsch spreche" (gleich darauf wirft Landberg diese Frage zusammen mit der andern, wo »die deutsche Sprache am schönsten klingt", *Critica*, S. 55), sollte er nicht zum Vergleiche heranziehen, da hier die Schriftsprache sich in ganz anderm Maasse als dort, unter dem Einflusse der modernen Bedürfnisse entwickelt hat. Landberg's wie immer mit grossem Selbstvertrauen geäusserte Ansicht über das beste Deutsch wird höchst eigenthümlich beleuchtet durch das Deutsch, welches er selbst in seinen *Critica* schreibt. Sätze wie die auf S. 9, 2; S. 17; »*Beduin*sprache" (S. 56); »باوردى *von* بواريدى entstanden" (S. 63); »beweisst" (S. 67), »um zu bewiesen" (S. 82); »grossen Handel mit *Europeer*" (S. 81); »alle *diesen* اشعل-Wörter" (S. 83), »die *alte* Aussprachen (S. 67); »was *mit* der عَدِية keine Bedingung ist" (S. 83); »ich *kenne* nur, *dass*" (S. 86); »Junggeselle" (S. 83) u. s. w. können zur Noth als Nachlässigkeitsfehler gelten, zumal auch die französischen Aufsätze nichts weniger als fehlerfrei sind; aber »alte

Poësien" (S. 8) für »Gedichte", »gute *Verfasser"* für »Schriftsteller" (S. 75) sind arge Schnitzer für einen Gelehrten, der in Deutschland studirt hat und seit langer Zeit in Deutschland lebt. Oder sind das Proben eines solchen »Naturproduktes", wie es bei Landberg (S. 88) heisst, »dessen Würdiging keine Abstufungen hat"?! Wir können darin nur Beweise eines seltenen Mangels an Selbsterkenntniss sehen; solche Erscheinungen legen einem die Frage nahe: sollte vielleicht das Selbstbewusstsein, mit welchem Landberg sprachliche Fragen auf arabischem Gebiete entscheidet, in ähnlichem Verhältniss zu seinen Sachkenntnissen stehen, wie auf deutschem? Die Antwort wird uns um so schwieriger, als Landberg in den *Critica* noch allerlei andere Eigenschaften unverhüllt zeigt, welche in den *Proverbes* noch nicht so deutlich hervortraten, welche aber den Werth seiner wissenschaftlichen Thätigkeit leider sehr beeinträchtigen.

Zunächst fällt uns die bedenkliche Schwäche seines Gedächtnisses auf. Einige Aeusserungen in der *Introduction* zu den *Proverbes* lauten dahin, dass der Verf. mit seiner Reise nach Syrien nicht in erster Linie, geschweige denn ausschliesslich, sprachliche Untersuchungen beabsichtigte; S. VIII: »*je ne prenais ces leçons que dans le but de bien connaître la* »*langue et les habitudes du peuple chez lequel j'habitais*"; seine Aufzeichnungen machte er nur »*pour (son) propre usage"*

(S. XLVI); die Förderung unserer Sprachstudien durch die Veröffentlichung dieser Beiträge verdanken wir dem Zufalle, der Landberg mit Spitta zusammenbrachte (S. VII); er selbst hatte »*nullement l'intention de publier un jour les résultats de* »(*ses*) *études*" (S. VIII). Das wären also zum Zwecke der eignen Belehrung, in Ermangelung brauchbarer Hilfsmittel gemachte Notizen, welche ursprünglich nur dazu dienen sollten, Herrn Landberg die orientalische Welt vertrauter zu machen. Was ihn eigentlich dorthin geführt hatte, ging die Leser seiner Sprachstudien nichts an; beiläufig hören wir (S. XLIV, Anm.), dass er in Çaida vier Jahre mit archäologischen Ausgrabungen beschäftigt war. Jetzt erfahren wir plötzlich aus den *Critica* (S. 55), dass Landberg »*während langer Jahre im ganzen* »*Orient* (*sic!*) *herumgewandert ist, nur um die Dia-* »*lekte zu studiren*".

In der oben citirten *Introduction* verbreitet sich Landberg über die Frage, wie viel, oder vielmehr: wie wenig von der schulmässigen Aussprache, Grammatik u. s. w. je zur lebenden Sprache gehört haben mag. Die damals von ihm vertretenen Ansichten über das Verhältniss der officiellen لغة zur lebenden Sprache scheint er seitdem aufgegeben zu haben. Mit grossem Nachdruck hatte er dort das sehr frühe Verschwinden des اعراب aus der lebenden Sprache betont; im heutigen Arabisch seien nur noch kleine Ueberreste des اعراب vorhanden;

sogar die *Banū Fahm*, deren Dialect als der »beste" gelte, wenden denselben nur ausnahmsweise an. »*Des savants Mecquois que* »*j'ai beaucoup fréquentés m'ont assuré que la tribu qui à l'unani-* »*mité est considérée par les habitants du Ḥeǵâz comme étant celle* »*qui parle l'arabe le plus classique, les* بنو فُهْم, *ne se sert de* » *l' I‘râb que par exception*". (S. XXIX). Dieselbe Beobachtung habe Landberg bei allen Beduinen gemacht, mit denen er gesprochen. Ich kann diese Behauptung zum Theil bestätigen, muss sie aber auch etwas näher beleuchten. Fast alle mekkanischen Gelehrten erkennen den *Fehm* den Vorzug der Sprachreinheit zu; fast keiner von ihnen ist aber je mit einem leibhaftigen *Fehmī* zusammengekommen. Die geltende Ansicht über die *Fehm* hat gewiss ihre Begründung; wie dieselbe aber jetzt gang und gäbe ist, zeigt sie die unverkennbaren Eigenthümlichkeiten einer Legende. Dies bemerkt man nicht, wenn man in Syrien dann und wann einen Mekkaner einfängt; um so klarer wird es aber, wenn man ½ Jahr zu den Studenten der mekkanischen Moschee zählt, wie ich dies gethan habe. Gewöhnlich erzählt man, dass die *Benī Fehm*, obgleich sie damals noch Ungläubige waren, dem Propheten irgend eine besondere Ehre erwiesen hätten, während die *Benī Kelb* die Gesandten Muhammeds schmählich zurückwiesen. Darauf habe der Prophet ein دُعاء gesprochen, und infolge dessen seien die *Fehm* von Allah mit der schönsten Aussprache des Arabischen

ausgestattet worden, während die *Kelb* dazu verdammt wurden, zu bellen wie die Hunde. Und so blieb es الى يومنا هذا.
Diese Legende wird in verschiedenen Formen erzählt, und wenn jemand behauptet, er habe mit *Fehmī's* gesprochen, die sich gar nicht durch فصاحة auszeichneten, so wird sein Fall als Ausnahme abgefertigt. Auch mir wurde immer auf meine diesbezügliche Frage geantwortet, vom *Iʿrāb* sei bei den *Fehm* so wenig wie bei irgend einem andern Stamme die Rede.

Jetzt gibt uns aber Landberg (*Critica*, S. 56) auf einmal die idyllische Erzählung seiner Begegnung mit einem Mädchen aus dem Fehmstamme, in Dschidda, und zwar »*vor einigen Jahren*", jedenfalls bevor er die oben citirte *Introduction* schrieb. Er citirt einen von ihr gesprochenen Satz mit vollständigem *Iʿrāb* und setzt hinzu: »*So sprach sie es aus, genau so wie ich* »*es hier geschrieben habe, mit allen Vokalfinessen der klassi-* »*schen Sprache*". War nun diese wunderbare Begegnung 1882 Landberg's Gedächtnisse entschwunden, oder hat die Erinnerung an »das reizende, natürliche Mädchen" ihre Sprache nachträglich etwas klassischer erscheinen lassen als sie war? Auf alle Fälle wäre Herrn Landberg bei seinem flüchtigen Besuche Dschidda's das Glück besonders hold gewesen; denn die mir bekannten Dschiddāwī's und Mekkāwī's wissen von der Existenz solcher Mädchen nicht.

Ich will noch ein weiteres Beispiel geben, das zugleich bezeichnend ist für den Leichtsinn, mit welchem Landberg Personen beurtheilt. Auf dem Orientalistencongresse in Wien habe ich mein von L. besprochenes Buch mit einem Vortrage bei der semitischen Section eingeführt. In diesem Vortrage bekämpfte ich die von diesem und jenem (u. a. auch von Landberg) ausgesprochene Ansicht, dass fast alle arabischen Gelehrten mit Geringschätzung auf die Volkssprache und die volksthümlichen Sitten herabsehen. Zur Erhärtung meines Widerspruchs berief ich mich auf die von Burckhardt herausgegebene Sprichwörtersammlung, welche von einem egyptischen Gelehrten herrührt; ferner auf meine persönliche Erfahrung mit dem jungen egyptischen Gelehrten Abd er-Rahīm Efendī Aḥmed. Letzterer benutzte seine ehemalige Professur am *Dār el-ʿulūm* in Qairo, welche ihn mit jungen Leuten aus ganz Egypten in Berührung brachte, zum Sammeln der Sprichwörter und Redensarten seiner Heimath; Collegen und Schüler förderten seine Bemühungen, und vor ein paar Jahren hatten sie ungefähr 1500 Sprichwörter zusammengebracht. Der junge Mann stellte mir auf meine Anfrage die ganze Sammlung zur etwaigen Herausgabe zur Verfügung; im Frühjahr 1886 arbeiteten wir einige Wochen täglich von frühmorgens bis Mitternacht am Commentar. Da ich einstweilen für die endgiltige Bearbeitung keine Zeit erübrigen konnte, machte ich in Wien die Fachgenossen mit der Sachlage bekannt, theilte die nöthigen Personalia über meinen egyptischen Freund mit, und zollte ihm die ihm zukommende Ehre. Letzteres um so lieber, als ich ihn während unseres Zusammenseins als einen tüchtigen Gelehrten hatte kennen lernen, der sich aufs lebhafteste für das volksthümliche Wesen in seiner Heimath interessirte. Herr Landberg sass während meines Vortrags neben mir und schien aufmerksam zuzuhören. Einige Monate später richtete er brieflich an mich die Frage, wer denn der Abd er-Rahīm Efendī Ahmed sei, den ich ein paar mal in meiner Mekkanischen Sprichwörtersammlung citire? Abermals habe ich dann Herrn Landberg dasselbe mitgetheilt wie früher. Jetzt bezeichnet er (*Critica*, S. 85) in unverschämter Weise meinen Freund als »*den in Cairo als sehr ignorant wohl bekannten Oberegypter*". Wer die Bedeutung der Worte »Freundschaft" und »Neid" in der muhammedanischen Gesellschaft kennt, begreift, wie leicht sich Landberg ein solches Gutachten aus Qairo bestellen konnte, zumal mein Egypter wegen der schönen Stellung, die er jetzt einnimmt, viele Neider hat. Zu weit geht es aber, wenn Landberg ein Sprichwort, welches ich in Mekka von Dutzenden von Egyptern gehört habe, von Mekkanern aber nur mit dem Zusatze: »wie die Egypter sagen", mit den Worten abfertigt (*Critica*, S. 86): »*Mâś aḥsan min lâś* »ist vielleicht auch eine Specialität Abd er-Rahīm Efendī's, denn in Egypten ist es gänzlich unbekannt". Ein solches Urtheil wirft die Beschuldigung der Ignoranz auf seinen Urheber zurück [1]).

Ob es *bloss* Ignoranz ist, wenn Landberg zu wiederholten Malen aus meinen Worten etwas anderes herausliest, als sie enthalten, mitunter sogar das Gegentheil davon, das wage ich nicht zu entscheiden. S. 74—75 sagt er: »بالحال (lies: بالحيل) und بدلمرة. sind doch nicht synonym", während ich in der angeführten Stelle nur mitgetheilt habe, dass beide Wörter in Mekka in der Bedeutung »sehr, äusserst" vorkommen. Was Landberg a. a. O. weiter über diese Wörter und über خالص sagt, gilt alles für Mekka nicht — von anderen Ländern habe ich nicht gesprochen. Dass »*mā śuftuh marrah* sonst überall »ich habe ihn einmal ge-»»sehen" heissen würde"" (*Critica*, S. 75) ist mir wirklich neu. »Die IV^{te} Form des Zeitwortes (افعل) ist" (*Critica*, S. 67) »doch nicht so selten wie Snouck mit Spitta annimmt". Ich habe, S. 28 meiner »Sprichwörter", nur die bekannte Thatsache erwähnt, dass im Neuarabischen »der IV^{te} Stamm

---

[1]) Derselbe Leichtsinn hat dem Verf. der *Critica* (S. 75) die Worte in die Feder gegeben: »Dass die Mekkaner die schlimmsten Teufel der Welt „sind, weiss jedes Kind ausserhalb Ḥidjāz". Jedes Kind urtheilt allerdings ebenso oberflächlich wie Dr. Landberg, und hat die gleiche Neigung zum Generalisiren. Jeder besonnene Beobachter aber, der die Mekkaner in der ruhigen Jahreszeit, ausserhalb der Pilgergeschäfte, kennen lernt, bemerkt, dass sie besser sind als ihr Ruf. Vgl. meine „Sprichwörter", S. 72 und meinen in Berlin gehaltenen Vortrag.

»*meistens* von dem II^ten verdrängt worden ist". Was hat nun damit die von Landberg, S. 67 ff. gegebene Liste IV^ter Stämme zu thun? Vieles von ihm Angeführte kommt gar nicht in Betracht, da man nur das Participium gebraucht; andere Beispiele kommen in meiner Sprichwörtersammlung vor (أَكْرِمْ), welche auch noch die von Landberg nicht genannten: اصبح und أَمْسِى enthält. Hätte ich diesen Gegenstand eingehender besprechen wollen, so hätte ich noch andere Formen aufgeführt, welche man in Mekka gebraucht, und welche Landberg unbekannt zu sein scheinen, z. B. أَمْدَى in ما امدانا انيوم, ما يمدينا بكره d. h. »wir haben heute nicht Zeit genug gehabt", »werden morgen nicht Zeit genug haben". Einige von Landberg's Beispielen gehören zu den technischen Termini (اوقف), viele zu den feierlichen Redensarten. Als »Verbesserung" oder »Ergänzung" meiner Aussage ist die ganze Ausführung unpassend. Zwei weitere Beispiele dieses »Missverstehens" findet man *Critica* S. 83—85. Ich hatte nämlich behauptet, dass die Araber auf die Jungfrauschaft an und für sich weniger Werth legen, als viele glauben. Wer meine Aeusserung im Zusammenhang liest, wird sehen, dass ich meinte: ein Araber, der die Wahl hat zwischen der Ehe mit einer Jungfrau oder mit einer jungen Wittwe, resp. geschiedenen Frau, wird nur selten erstere wegen der بكارة vorziehen. Diese Angabe stammt bei mir nicht aus einer Offenbarung, sondern aus fast täglich wiederholten Gesprächen mit Mekkanern über diese Gegenstände, welche den meisten nahe am Herzen liegen. Wenn man, ohne danach zu suchen, vielfach in Gesellschaften gesessen hat, wo Ehen geplant, diesbezüglicher Rath ertheilt, allgemeine Betrachtungen über den Gegenstand angestellt wurden, so darf man schon etwas mehr Werth auf seine Beobachtungen legen, als wenn man, wie Landberg dies vorzuziehen scheint, die *Dirnen* als Autoritäten betrachtet für die Frage, was die *Männer* von der بِكَارَة halten. Landberg verdreht nun ausserdem meine Aussage dahin, dass ich gesagt hätte, ein Mann der eine *vermeintliche Jungfrau* geheirathet hätte, würde sich leicht über eine Enttäuschung hinwegsetzen, oder auch eine sogenannte Jungfrau, die ihre Jungfrauschaft verloren hätte, würde ungefähr ebenso beliebt sein wie eine unversehrte *virgo*; — so was ist mir gar nicht eingefallen. Die Araber sagen vielfach: eine junge عَزَبَة ist eine bessere Frau als eine بِكْر, denn sie hat einige Erfahrung, sie weiss schon, dass sie mit des Gatten Glück nicht spielen kann, ohne sich selbst grosser Gefahr auszusetzen, u. s. w.; die Jungfrau weiss noch nichts, bedarf noch der Dressur, und die meisten geben ihren Launen nach, bis es dem Manne zu viel wird. Andere ziehen es vor (gerade so wie bei den Sklaven), selbst ihre Gattin von Anfang an zu erziehen. Die erste Ansicht findet aber die meisten Anhänger; die physische

بــارة tritt bei der Entscheidung ganz in den Hintergrund.

Landberg hat seinen lebhaften Verkehr mit orientalischen Weibern hier am unrechten Orte an den Haaren herbeigezogen; auch fragt sich, ob es nicht besser wäre, die Prahlerei mit solchen Heldenthaten jungen Milchbarten zu überlassen und solche Détails aus unserem Privatleben soviel als möglich von der Wissenschaft fern zu halten.

Ich bin mit Landberg einverstanden, wenn er sagt, dass man in wissenschaftlichen Werken alles, auch das Schmutzigste, beim Namen nennen darf; eigentlich wird dieser Grundsatz schon längst von allen vernünftigen Gelehrten befolgt, und ist es sehr überflüssig, so einfache Dinge so oft zu wiederholen, wie dies L. thut (*Introduction* zu den *Proverbes*, S. VIII—IX und XVI). So durch und durch gemeine *Witze* wie der über die *arrière-pensée* der Engländer und den *Nachtheil* der egyptischen Eseltreiber (*Critica*, S. 60) nützen aber der Wissenschaft nichts, und zeugen nur von dem ungebildeten Geschmack desjenigen, der sie aus der Kneipe in die Litteratur bringt 1).

Das letzte "Missverständniss", welches ich anführen will,

---

1) Beiläufig sei bemerkt, dass Landberg's Ausdruck: „zu ihrem *eignen* Nachtheil" beweist, dass er die Bedeutung des Wortes *eigen* nicht ganz erfasst hat. Dieser Witz gemahnt uns an gewisse eigenthümliche Empfehlungen von Büchern in Brill's „Catalogue Périodique", wie 1, N°. 22 „.... de préceptes *qui feront rougir plus d'un orientaliste*"!!

ist Landberg's Entrüstung (*Critica*, S. 85) über die »mekkanische Sprachexcentricität", der zufolge die Form حَمَّايْن nur mit dem Artikel vorkäme, während ich dies grade von der andern Form حَمَّال ausgesagt habe, und حَمَّالِين von mir ausdrücklich als »Bezeichnung einer (bestimmten oder unbestimmten) Anzahl" erwähnt wurde. Dass حَمَّالة auch mit einem Zahlwort gebraucht werden kann, gilt für Mekka *nicht*; vom Landberg'schen »ganzen Orient" habe ich nicht gesprochen.

Im Vorhergehenden haben wir nun gesehen, dass unser Kritiker Sätze kritisirt, die er nicht verstanden hat; wir wollen jetzt zeigen, dass er auch in selbstbewusstem Tone über Dinge redet, von welchen ihm die Kenntniss der Anfangsgründe abgeht. Landberg nennt mich (S. 54) »einen vorzüglichen Arabisten und einen der besten Kenner des islâmitischen Rechtes"; an einigen Stellen seiner *Critica* glaubt der Grossmeister aber doch mir ein wenig Privatunterricht im *fiqh* ertheilen zu müssen. S. 33 meiner *Sprichwörter* habe ich einen mekkanischen Theebesuch und die Sitten, welche in solchen Gesellschaften beobachtet werden, beschrieben. Da fiel nun Herrn L. folgender Passus auf: »Jeder trinkt wenigstens drei Gläser: »*qānūn kède* = *so will es die Sitte*. Weiss die Zudring»lichkeit des Gastherrn ihn zu bereden, dass er ein viertes »trinkt, so muss auch das fünfte folgen, denn die Gesammt»zahl muss, der *sunnah* gemäss, ungerade (*witr*) sein". Obgleich nun thatsächlich diese *Sitte* genauer beobachtet wird als hundert *gesetzliche Bestimmungen*, so wird doch kaum ein Leser glauben, ich hätte hier ein *Gesetz* beschrieben. Landberg citirt nur den zweiten Satz, urgirt das Wort »*muss*", übersetzt dann meine Worte ins Arabische, und ruft in vollem Vertrauen auf sein اجتهاد aus: »was die Sunna lehrt, ist nicht ein »muss" sondern ein احسن" (*Critica*, S. 71). Wenn diese Bemerkung richtig wäre, so wäre sie jedenfalls hier nicht am Platze; sie ist aber falsch und beweist nur, dass Landberg nie ein *fiqh*-buch gelesen hat, und die zwei ganz verschiedenen Bedeutungen des Wortes سنة in der juristischen Terminologie nicht kennt. *Die sunnah* = *sunnat an-nabī* ist eine von den vier Quellen oder Grundlagen des Gesetzes (Qurān, Sunnah, Iǵmāʿ, Qijās); aus jeder von diesen vier Quellen werden Bestimmungen jeder Art, also Gebote, Anempfehlungen, Erlaubnisstheilungen, Abmahnungen und Verbote hergeleitet. Diese fünf Categorien haben eine und dieselbe Bedeutung und Kraft, gleichviel aus welcher Quelle sie geflossen sind. Aus *der* Sunnah, wie man dieselbe in den *hadīth*-büchern documentirt findet, geht also hervor, dass diese Handlung واجب = فرض, jene سنة = مندوب = مستحبّ ist, andere مباح, مكروه oder حرام sind. Wenn ein Imperativ, sei es im Qurān oder in der Sunnah, vorkommt, so haben die Juristen die Frage zu beantworten: ist dies ein Befehl ohne Weiteres, sodass die befohlene

Sache als *wāǵib* gelten muss, oder darf man es als Anempfehlung auffassen, ist es محمول على النَّدْب, sodass die bezeichnete Handlung als *eine sunnah*, d. h. eine vom Gesetze anempfohlene Handlung zu bezeichnen ist [1]? Ein bedeutender Prozentsatz der gesetzlichen »*muss*" beruht ausschliesslich auf *der* Sunnah; ein nicht weniger bedeutender Theil der *sunan* (Plur. von »eine *sunnah*") beruht auf dem Qurān. Dass übrigens das *witr* zu den *sunan* [2]) gehört und nicht *wāǵib* ist, habe ich vor einigen Jahren in meiner Besprechung des *van den Berg*'schen Handbuches (I : 40 des Separatabdrucks) gezeigt, und dabei dieselbe Tradition citirt, welche Landberg a. a. O. mittheilt!

Die Frau hatte ich, in ihrem Verhältniss zu ihrem *walī* mit dem arabischen Terminus مَوْلِيَّة bezeichnet. Darüber heisst es nun, *Critica*, S. 76—77: »مولية für المولى عليها *muss speci-*

---

1) Es ist eigentlich überflüssig, für so bekannte Sachen Beispiele zu citiren; dass die Auffassung eines أمر in *der* Sunnah bald ein واجب, bald *eine sunnah* enthält, erhellt aus *Bāǵūrī* (Qairo, 1272) II: ١٥١, ٢٠٨ u. s. w. Vergl. auch die zahllosen Stellen, wo es von einer Handlung heisst: يُسَن خروجها من خلاف من أوجبه d. h. »sie wird (von den Gelehrten unserer Schule) »als eine *sunnah* anempfohlen, damit wir nicht allzu schroff den Schulen ge-»genüber stehen, die sie als *wāǵib* betrachten".

2) Die Unbekanntschaft Landberg's mit der Terminologie, die er hier bespricht, erhellt auch aus dem Gebrauche des Wortes أحسن im Gegensatz zum gesetzlichen »muss". Kein *faqīh* würde den Gebrauch dieses Ausdrucks statt أَوْلَى gutheissen. أحسن hat in diesem Zusammenhang den Beigeschmack des nach *menschlichem* Ermessen Fürgutbefundenen.

»*fisch mekkanisch sein*, denn weder die لغة noch die anderen »*Dialecte kennen dieses Wort*". Ja, wenn »die لغة und die anderen Dialecte" gleichbedeutend wäre mit Landberg's mangelhafter kenntniss von denselben! *Bāǧūrī* (Qairo, 1272) zählt (II: ۱٧٧) die Fälle auf, wo der *ḥākim ex officio* als *walī* fungiren muss; darunter auch den Fall, wo der natürliche *walī* selbst das betreffende Mädchen heirathen will, und kein anderer *walī* im gleichen Grade der Blutsverwandtschaft vorhanden ist: ونكاحه لمؤبّته ولا مساوى له فى الدرجة. An einem andern Orte sagt er (II: ۱٧۴, l. 13): والولى كما يراعى حظ مؤبّته يراعى حظ نفسه فى دفع العار عن النسب. Dass übrigens das Verbum ولى in diesem Sinne die Frau zum *directen* Objecte hat, ist bekannt. Will man Beispiele? Bāǧūrī II: ۱٧۳ unten: من ان لان الكافر يلى الكافرة ولو اختلفت 4, ۱٧۴ : II; الكافر يلى الكافرة فان لم يكن عدلا فى دينه بان ارتكب المحرّم :8—7 .l .ibid; ملتهما المذكور لم يَلِ الكافرة. Beispiele mit على sind mir niemals vorgekommen; ich wage es aber nicht, über die Möglichkeit ihres Vorkommens »in der لغة und den anderen Dialecten" zu entscheiden.

Man wird es mir verzeihen, wenn ich jetzt die Frage, ob die *saǧǧādah* (*Critica*, S. 65) wirklich eine حسنة بدعة sei oder nicht, unerörtert lasse. Dass »die Gewohnheit des Propheten", einen Gebetteppich zu gebrauchen »in allen (sic) *Samāïl*büchern und *Ḥadīt*-lexica erwähnt" wird, wie Landberg glaubt, macht nur auf solche Leser Eindruck, welche mit Landberg die Unbekanntschaft mit dem Inhalte aller dieser Bücher theilen. Die Andern wissen, dass man aus der Tradition beweisen kann, dass der Prophet angeblich allerlei Sachen gekannt und beurtheilt hat, die erst lange nach seinem Tode aufgekommen sind. In einigen Fällen wird die Sache dadurch aufgeklärt, dass zwei Reihen von Ueberlieferungen zwei einander diametral gegenüberstehende Ansichten vertreten; in andern Fällen (wie in dem der *saǧǧādah*) verbürgt uns die bis in späte Zeiten hineinragende Meinungsverschiedenheit der Gelehrten (*in casu* bis in Ghazzālī's Zeit von mir constatirt) die Unechtheit der Tradition.

Von Landberg's maasslosem Dünkel haben wir jetzt Beweise genug, und es wäre mir kaum übel zu nehmen, wenn ich darauf verzichtete, auf die »*Studien*" eines so unkritischen Kritikers näher einzugehen. Da ich aber wohl kaum ein zweites Mal mir durch solche Dinge meine Zeit werde rauben lassen, so will ich diesmal etwas genauer mit ihm abrechnen.

Das Hauptgravamen, welches er gegen meine *Sprichwörter* anführt, ist, dass die von mir gelieferten Beiträge dem Inhalte und der Form nach, sprachlich und sachlich, zu wenig »specifisch Mekkanisches" bieten. Schon auf der ersten Seite seines Aufsatzes (*Critica*, S. 54) findet sich diese Bemerkung, welche sich dann jeden Augenblick wiederholt. Aus der Weise nun, wie Landberg diese negative Qualificirung anwendet, ergibt sich gar bald, dass er sich unter dem Ausdruck »specifisch mekkanisch" [1]) entweder gar nichts oder etwas ganz Unmögliches gedacht hat. Zu einigen (nicht gerade sehr vielen) der von mir aufgeführten Sprüche bemerkt Landberg, dass dieselben in Egypten, oder in Syrien, oder »im ganzen Orient" bekannt sind; die Thatsache, dass Landberg oder Andere diese Ausdrücke schon früher und anderswo gehört (obgleich in den meisten Fällen nicht besprochen) haben, macht dieselben nach seiner Ansicht zu »unechten" oder »nicht-specifischen" Mekkanern. Dieses Urtheil spricht Lbg. sogar in solchen Fällen aus, wo das von mir Mitgetheilte, sei es in der Anwendung (z. B. N°s. 3, 44, 64) oder in der Form (z. B. N°s. 8, 20, 62, 74), sich von dem von ihm selbst Beobachteten wesentlich unterscheidet. Wo dies nicht der Fall ist, habe ich selbst meistens die allgemeine Verbreitung des betreffenden Sprichwortes hervorgehoben; dies diente mir dann meist zur Anknüpfung von ethnographischen Beschreibungen oder sprachlichen Bemerkungen im Commentar. Mit meinen ethnographischen und linguistischen Mittheilungen verfährt Landberg in gleicher Weise; jeder Brauch, jede Sprachform, welche ich als mekkanisch aufführe, verliert nach Landberg's Richterspruch den

---

1) An einem Orte schreibt Lbg. statt dessen: „echt mekkanisch", *Critica*, S. 85.

Anspruch auf dieses Bürgerrecht, sobald dieselben sich auch ausserhalb Mekka's zeigen. Wenn diese Sitte *auch* in Syrien, jene *auch* in Egypten, diese sprachliche Erscheinung *auch* bei irgendwelchen Beduinen, jene in der klassischen Sprache oder »in der ganzen arabischen Welt" vorkommt, so hören sie damit auf specifisch mekkanisch zu sein. Seltsame Methode! Wenn man dieselbe folgerichtig anwendet, so darf man als mekkanische Sitten nur solche aufführen, welche mit den dortigen Heiligthümern unlöslich verknüpft oder durch locale Verhältnisse bedingt sind; mekkanische Sprachformen gibt es dann aber überhaupt nicht. Von allen ethnographischen und linguistischen Eigenthümlichkeiten der Mekkaner lässt sich ja keine einzige *a priori* als *ausschliessliches* Eigenthum der heiligen Stadt vindiciren; diese findet sich auch in Jemen, jene in Hadhramaut, andere in Egypten, Syrien, in Indien oder im Sudan. Für die Entscheidung der Frage, ob etwas *in diesem exclusiven Sinne* specifisch mekkanisch sei, ist es natürlich gleichgiltig, ob die weitere Verbreitung einer Erscheinung schon vor der Abfassung meiner Sprichwörtersammlung bekannt war, ob sie jetzt zum ersten Male von Landberg für seinen »ganzen Orient" in Anspruch genommen wird, oder ob sie in der Zukunft in irgend einem Theile jener Welt beobachtet werden wird. Statt einer Beschreibung des Lebens der heutigen Mekkaner müsste man dann etwa sagen: Die einheimische Bevölkerung der heiligen Stadt besteht aus einem quraiśitischen Kern (die zahlreichen Scherife, einige Ueberreste anderer altmekkanischer Geschlechter), aus higâzenischen, egyptischen, jemenischen, centralarabischen, syrischen, maghribinischen, indischen, türkischen und malaiischen Elementen, welche sich bis zu einem gewissen Grad immerfort dem Kern assimilirt, aber auf die Gestaltung der Gesellschaft auch selbst bedeutenden Einfluss ausgeübt haben; dazu kommt noch, dass verschiedene Sklavenrassen, namentlich abyssinische, stark auf die Entwickelung dieser Gesellschaft einwirken. Die Sitten und die Sprache der heiligen Stadt haben natürlich den hier kurz skizzirten Entwickelungsgang der Bevölkerung mitgemacht, und zeigen einen dementsprechenden Charakter. Einzelheiten davon zu beschreiben müssen wir uns versagen, weil die specifisch-mekkanischen religiösen Bräuche in der Haǵǵ-litteratur genügend beschrieben sind, und alles Uebrige fragmentarisch auch in andern Ländern vorkommt, wenngleich manches bisher noch nicht nachgewiesen wurde.

Die absurde Auffassung, welche zu dem hier angedeuteten Resultate führen müsste, kann aber nur bei solchen aufkommen, denen die allgemeinsten Begriffe von der Geschichte Mekka's und von wissenschaftlicher Methode fehlen. Ausserdem habe ich in der »Einleitung" zu meiner Sprichwörtersammlung und in meinem in Wien auch vor den Ohren Landberg's gehaltenen Vortrag [1]) ziemlich genau den Begriff der Specifisch-mekkanischen definirt. Mekka ist bekanntlich in hervorragendem Sinne eine Fremdenstadt. Die Nationalitäten, welche den grössten Beitrag zum jährlichen Pilgerbesuche liefern, sind in der heiligen Stadt durch kleine Kolonien vertreten, deren Mitglieder zum Zwecke des Handels oder des Studiums einen grossen Theil ihres Lebens in Mekka wohnen. Es leben hier also Syrer, Egypter, Türken, Indier, Afghanen, Malaien, welche ihre eigne Sprache und ihre Sitten ziemlich unverändert behalten. Wenn nun die Bevölkerung gänzlich oder hauptsächlich aus diesen Elementen bestünde, so könnte man kaum von mekkanischem Wesen reden. Ein bedeutender Theil dieser Ansiedler assimilirt sich aber der um den quraisitischen Kern herum entstandenen eigentlichen Bevölkerung. Wer ein in Mekka geborenes Mädchen heirathet oder eine in Mekka erzogene Sklavin zur Concubine hat, dessen Kinder sprechen eine Sprache und befolgen Sitten, die sich von denen aller Fremdenkolonien als *mekkanisch* unterscheiden, trotzdem dass jede Kolonie auf die Entwickelung derselben eingewirkt hat. Die einzelnen Bestandttheile dieses mekkanischen Wesens erklären sich theilweise aus dem constituirenden Elemente der Scherife und den durch diese zahlreiche Familie vermittelten Einfluss der Beduinen; theilweise aus der Wechselwirkung

---

1) Vgl. auch meinen Anfang März 1887 in Berlin gehaltenen Vortrag.

aller obengenannten, im Laufe der Zeit hinzugekommenen, fremden Ingredienzien. Wer mit der nöthigen Vorbildung ausgerüstet einen Monat in Mekka lebt, unterscheidet stets leicht den Mekkaner vom Fremden. Die Sprache und Sitten aller Mekkaner ist selbstverständlich nicht so uniform, wie Landberg (*Critica*, S. 58) infolge von Mangel an Verständniss der deutschen Sprache aus meinen Worten herausgelesen hat; nur gibt es, wie ich in meinem Buche bemerkt habe, keinen absoluten Gegensatz zwischen einer Sprache der Ungebildeten und einer solchen der Gebildeten (wie Landberg dies früher für seinen ganzen Orient behauptet hatte), sondern allmähliche Uebergänge und Abstufungen. Alles dies verhindert nicht, dass man mit ein wenig Uebung die Species »Mekkaner" von den übrigen arabisch redenden Einwohnern Mekka's sicher unterscheiden kann. Zu den Merkmalen, welche die *differentia specifica* bilden, gehört nun auch das, was ich in meinem Buche über die Lebensweise und die Sprache der *ahl makkah* mitgetheilt habe. Dr. Goldziher hat meine Absicht denn auch richtig verstanden; in seiner Anzeige meines Buches (*Oesterr. Monatschr. für den Orient*, 15 November 1886, S. 210) sagt er u. a.: »Nicht »alle Sprichwörter sind *ausschliesslich* mekkanisch; bei der durch »den Verfasser hervorgehobenen bunten Zusammensetzung der »Gesellschaft in Mekka ist wohl Manches von aussen her hin- »eingetragen worden; ebenso wie auch anzunehmen ist, dass

»von Mekka durch die hier aus allen Landen des Ostens zusammen- und wieder von hier ausströmenden Muslims manches »witzige Wort exportirt wird." Ganz richtig; da es nun nicht genügt im Allgemeinen qualitativ die Zusammensetzung einer solchen Gesellschaft zu kennen, so habe ich versucht die genauere, quantitative Analyse ein wenig zu fördern. Das zweibändige Werk, welches ich über Mekka zu veröffentlichen gedenke, wird 1º einen geschichtlichen Ueberblick und 2º eine Skizze der socialen und politischen Verhältnisse im heutigen Mekka enthalten. Ob ich die Hoffnung Landberg's (*Critica*, S. 87) dadurch erfüllen oder ihm eine neue Enttäuschung bereiten werde, ist mir gleichgiltig. Ich schreibe ja nicht für Leute, die schon voraus alles besser wissen, als Einer, der an Ort und Stelle die Dinge beobachtet hat. Es amüsirt mich, wenn Landberg, wie er dies an verschiedenen Stellen seiner *Critica* thut, wohlwollend bestätigt, dass meine Beobachtung der Wahrheit entspreche, als ob dies von seinem Gutachten abhinge; es amüsirt mich noch mehr, wenn er hie und da den mekkanischen Sprachgebrauch »verbessert". So soll das Oppositum von *razâlah* nicht *muruwwah* sondern *lutf* sein (*Critica*, S. 60), obgleich ich versichern kann, dass in Mekka das Oppositum von *lutf* (oder häufiger: *latâfah*) d. h. »Bildung, feine Manieren, Liebenswürdigkeit" nur *chušnnah* = »Rohheit, Ungezogenheit" lautet; dem »Anstande" = *muruwwah* steht die »Gemeinheit" = *razālah* gegenüber. So ist auch mein Sprichwort N°. 3 nicht nach Landberg zu verbessern, da ich es sehr häufig, und zwar immer ohne Artikel, gehört habe.

Dass حَرِيم keine Plural*bildung* ist (*Critica*, S. 64), wusste ich schon; in Mekka wird es als *Plural* zu حُرْمَة gebraucht; *eine Frau* kann es dort nur dann bezeichnen, wenn man seine Gattinn (-en) unbestimmt andeuten will, ebenso wie das Wort جَماعتنا; dass letzteres Wort und اهل البيت auch in Mekka die Gattinn (-en) bezeichnen, hätte Landberg (vgl. *Critica* a. a. O.) aus meinem Buche (S. 85) entnehmen können, wenn er es »durchstudirt" (*Critica*, S. 86) hätte. Man sagt اهل بَيْتَنَا und عِيَالَنَا, nicht aber اولادنا. حَرِيمَات sagt man in Mekka *nicht*, wenn man die Weiber *einer* Familie meint, trotz Landberg's Offenbarung (*Critica*, S. 65) über die »ganze arabische Welt." Trotzdem dass شاجِرَة *feminini generis* ist (auch dies war mir bekannt), wird in Mekka im Sprichworte N°. 19 (vgl. *Critica*, S. 69) *dūduh* und *baṭnuh* gesagt. Landberg verbessert sogar das Sprachbewusstsein der Mekkaner (*Critica*, S. 69), welche immer noch die '*ājdīn* von »Wiederkehrenden" verstehen. Aber die armen Mekkaner sind eben nach Landberg's Ansicht auch keine Araber (*Critica*, S. 72), denn sie sprechen wirklich *ibèdèn*; auch gebrauchen sie sehr häufig den Ausdruck جَوَّز بِنْتُه على فلان, was nach *Critica*, S. 76 auf keinen Fall sein kann, woher denn auch das ganze Sprichwort N°. 50 »nicht richtig zu sein scheint." Bis aber Landberg den Mekkanern seine *Critica* geschickt haben wird, werden sie so sprechen und.... vielleicht auch noch nachher. Die Mekkaner werden dann zugleich aus der Mittheilung *Critica*, S. 81 (»ich habe nie anders als *zanbūr* gehört") ersehen, dass der Kenner des ganzen Orients das Ḥaġġ nicht gemacht hat, weil er sonst *zumbūr* hätte hören müssen. Die Frage, ob der Kinderlaut *daḫḫa* arabisch mit oder ohne ꜱ (welches ꜱ in solchen Worten *in statu absoluto* bekanntlich nur orthographisches Rudiment ist) geschrieben werden sollte (*Critica*, S. 85), werde ich in einer besondern Abhandlung besprechen, sobald ich emeritirt und kindisch geworden bin. Nein, ich fürchte wirklich, mein Mekkabuch wird Landberg kaum gefallen. Denn es wird auf weitere Kreise von Lesern berechnet sein, wie ich das in meinem Vortrage in Wien schon angekündigt habe. Gerade desshalb habe ich einiges sprachliche und ethnographische Détail, welches sich in einem solchen Werke nicht wohl unterbringen lässt, in meiner Sprichwörtersammlung den Fachgenossen vorgelegt; nicht-Arabisten wäre es sonst zu speciell geworden. Mein Zweck war also ein anderer, als der, welchen Landberg (*Critica*, S. 86—87) mir in liebenswürdiger Weise zumuthet: »dass (ich) *à tout prix* etwas für den Congress verfassen wollte".

Nicht genug specifisch Mekkanisches! So lautet Landberg's Orakel, mit welchem er seine »Studien" anfängt und schliesst.

Man weiss jetzt, was dieses Urtheil in seinem Sprachgebrauche besagt, oder vielmehr, wie nichtssagend es ist. Wollte man aber den Begriff der Specifischen ungefähr so auffassen, wie Landberg denselben anwendet, auch dann hätte er durch seine Schrift seinen Richterspruch nichts weniger als begründet. *Dreissig* von meinen *siebenundsiebenzig* Sprüchen erwähnt er mit keinem Worte; von vielen andern führt er zwar die Nummern auf, bespricht dann aber Sachen, die er mit ebenso viel Recht an irgend ein Wort des Textes des *Hamdānī* oder des *Ibn al-faqīh* als an meine Mittheilungen hätte anknüpfen können. Einige Male (z. B. S. 62—63, S. 77—78) wird eine ganze Seite darauf verwendet eine von mir erörterte Frage wiederzukauen, um dann meine Vorsicht zu loben, weil ich mit *non liquet* geschlossen habe. Einmal gibt Landberg (S. 79—81) eine Ausführung über die Zukunft des Isläms, über welche ich mir weder in meiner Sprichwörtersammlung noch sonst ein positives Urtheil auszusprechen erlaubt habe. Landberg äussert das Seinige in gewohnter Weise, mit der bequemen Hinzufügung, dass wer die Sache anders betrachtet »den Islam und »die Mohammedaner nur in seinem europäischen Arbeitszimmer »studirt hat.'' Wer sich nie mit Geschichtsforschung abgegeben hat, ist immer geneigt, in naiver Weise seine subjectiven Eindrücke in der Form objectiver Urtheile oder gar von Prophezeiungen wiederzugeben. Wenn sich solche Orakel auf Gegenstände beziehen, welche den Meisten vertraut sind, so nennt man die Propheten politische Kannengiesser. Handelt es sich um den nur Wenigen bekannten Orient, so bedenkt das grosse Publicum nicht immer, dass dort wie hier sehr viel dazu gehört um nicht durch Subjectivität oder Einseitigkeit falsch zu urtheilen, und dass die gleichen Beobachtungen, bei der Beschränktheit menschlichen Wissens, zu verschiedenen Beurtheilungen der Verhältnisse führen können, ohne dass desshalb eine von zwei Autoritäten unfähig zu sein braucht. *So* naiv generalisirende Urtheile wie die Landberg'schen werden allerdings nicht *viel* Unheil stiften!

Wie gesagt, von den Nummern aus meiner Sammlung, welche Landberg aufführt, *bespricht* er nur ganz wenige. Wo er aber, sei es über den Spruch selbst, oder über den Commentar eine Bemerkung gibt, macht diese sehr häufig, ohne dass Landberg selbst es bemerkt, sein allgemeines Urtheil über mein Buch zunichte. Wo er ganze Sprüche als anderswo bekannt und daher nicht »echt mekkanisch" bezeichnet (verhältnissmässig sind die Fälle nicht zahlreich), führt er, wie oben schon hervorgehoben wurde, sehr oft solche dabei an, die in der Form oder in der Anwendung bedeutend von den »mekkanischen" abweichen. Aehnlich macht er es mit meinen Angaben über den Sprachschatz, die Grammatik und die Sitten der Mekkaner; jeden Augenblick hebt er selbst Specifisches hervor und vergisst dadurch den Plan seines Aufsatzes. S. 62—63 zeigt er, dass dūbuh etc. und tawwak in andern Ländern anders behandelt werden, S. 64 charakterisirt er meine Mittheilungen über die mekkanischen Bezeichnungen der »Gattinn" und über den adjectivischen Gebrauch von حَقّ, حَقّة, حَقِّين als specifisch [1]), S. 65 hebt er eine Bedeutung von مشى hervor, durch welche sich Mekka vom »ganzen Orient" unterscheidet, und lenkt die Aufmerksamkeit auf meinen Nachweis über die فِعَل-formen tertia و oder ى, S. 70 ist ihm die mekkanische Beschränkung der Bedeutung von jā ḥabībī ebenso neu, wie بَرَاد in der Bedeutung »Theetopf"; S. 71 wundert es ihn, dass صاحب in Mekka gebraucht wird, wie es gebraucht wird, und er verspricht Nachweise über das Vorkommen von راعى in dieser Bedeutung auch ausserhalb Mokka's zu geben; diese Nachweise müssen aber noch erscheinen [2]). Ebendaselbst ergänzt er seine frühere Angabe über die Wörter, welche in Syrien und Egypten »Kleider" bezeichnen, dahin, dass auch das von mir als mekkanisch erwähnte Wort حوايج dort diese Bedeutung hat. Das

---

1) Die *Redensart* N°. 9 nennt er ein „sonderbares *Sprichwort*"; wohl weil sie in seinem „ganzen Orient" unbekannt ist?
2) Die Bedeutung „Aufseher, Wächter", welche Landberg dem Worte راعى in der von mir citirten Stelle *Chron. der Stadt Mekka* III: ٣٧v beilegen will, ist in diesem Zusammenhang unmöglich, da von einem längst verstorbenen Sultan die Rede ist. Landberg hätte die Stelle nachschlagen sollen, bevor er sie übersetzte!

hätte er damals nicht vergessen sollen! S. 73 heisst es, dass meine »lehrreiche und interessante culinarische Beschreibung »wenig ganz specifisch (sic!) Mekkanisches bietet." Schade, dass die Herren, welche den ganzen Orient kennen, das alles nicht früher beschrieben haben; dann hätte ich etwa schreiben können: Ueber die Küche der Mekkaner vergl. man Landberg's *Omnia scibilia de Oriente*. Dasolbst fällt Landberg die mekkanische Aussprache von زي auf, und er versucht nachzuweisen, dass die Beschränkung des Gebrauches von شـى in Mekka noch enger ist als ich glaubte. S. 74 bespricht er meine Angaben über die mekkanischen Worte für »Mensch", »Menschen", »Leute" und macht dazu eine Mine, als wäre ihm das alles schon so bekannt gewesen [1]); S. 74—75 zeigt er, dass die Bedeutung der Ausdrücke ابدا, خالص, بالحيل, بالمرّه sich in Mekka anders verhält als in den paar Provinzen, die für ihn den »ganzen Orient" darstellen. S. 76 erfahren wir, dass *ghabānah*, ein in Mekka allgemein übliches Wort für *Shawl*, ihm erst durch meine Mittheilung bekannt wurde. Etwas naiv ist sein Glaube, dass die Orientalen erst »heutzutage" die »Mode" kennen. Qutb ed-dīn gibt schon im 10ten Jahrhundert der Hidschra allgemeine Betrachtungen über diesen Gegenstand. S. 77 macht Landberg die mekkanische Bedeutung von عليبّة stutzig,

---

[1] „In Syrien und Hidjāz wissen wir (seit wann?), wie es sich damit verhält."

und er constatirt das »Specifische" von *dūjān* als Plural von *dáwā* = »Heilmittel". Daselbst behandelt er die Erklärung der Formen *ilēn*, *ḥattēn*, *metēn* u. s. w., als wäre das eine längst von ihm behandelte; dann entsinnt er sich aber und verweist auf sein noch nicht erschienenes Buch. Wenn alles, was ich über das mekkanische Picknick gesagt habe »im gan-»zen muhammedanischen Orient" gilt (S. 77), so wissen die Muhammedaner nichts davon, denn viele Fremde habe ich die mekkanische *qēlah* als etwas »Specifisches" besprechen hören. Es wäre zu viel, sich über solche Phrasen länger aufzuhalten; wenn ich die zwei täglichen Concerte der Musikanten des Scherifs und deren Benutzung zur Zeitbestimmung in Mekka erwähne, so sagt Landberg (S. 72) das alles gelte überall, denn anderswo im »ganzen Orient" seien andere Concerte! S. 79 erwähnt Landberg ein von mir mitgetheiltes Sprichwort, welches »ohne Commentar schwer zu »verstehen wäre." So sehr schwer doch nicht; aber ich habe den Commentar ja beigegeben. S. 85—86 bemerkt man, dass fast alle mekkanische Wörter, welche sich auf die Sklaverei beziehen, Herrn Landberg in dieser Bedeutung neu (also wohl specifisch?) sind. Wie man aus Goldziher's oben citirter Anzeige ersehen kann, hätte Landberg die Liste der nach seiner eignen Definition »specifisch mekkanischen" Erscheinungen im Sprachgebrauch und in der Grammatik bedeutend vermehren können. Wir wissen aber, dass seine Absicht gerade eine Beweisführung war, welche schon durch das wenige von ihm selbst Mitgetheilte sich als verfehlt erweist.

Man wird es verstehen, dass ich keine Lust habe, weiter über Einzelheiten mit dem Verfasser der *Critica* zu discutiren, z. B. meine deutsche Uebersetzung der N°s. 1 und 62 gegen seine Einwendungen zu vertheidigen!

Ich komme zu Landberg's Totaleindruck. Nachdem er durch ganz unnütze Lobeserhebungen meiner arabischen Sprachkenntnisse, meines feinen Ohres und meiner Studien über das muslimische Recht (welche Landberg weniger als irgend jemand beurtheilen kann) die Erwartungen seiner Leser hoch gespannt hat, beschliesst er die Lektüre meines »in *lieux communs* sich bewegenden", wenig Interessantes enthaltenden Buches sichtbar enttäuscht. »Dessenungeachtet" findet er meine Sprichwörtersammlung »*eine anregende Erscheinung*" und »*eine »erfreuliche Festgabe*" (S. 87) »*weil sie..... von Dr. Snouck »komm(t) und weil sie die heilige Stadt zum Gegenstande ha(t)*". Glaubt er mich so zum Besten zu haben?

Wollte ich dieses ungeschickte Compliment mit gleichwertiger Münze zurückbezahlen, so müsste ich meinen Totaleindruck etwa folgendermaassen beschreiben: Wir haben jetzt die Schwächen Landberg's kennen gelernt: sein Gedächtniss trügt ihn in erstaunlicher Weise, er hat nicht immer die Sätze, welche er zu beurtheilen glaubt, gelesen; er spricht mit gleichem Selbstvertrauen über Sachen, die er gar nicht versteht wie über solche, mit denen er sich mehr oder weniger abgegeben hat, sein kritisches Talent steht unter O, er generalisirt und räsonnirt *de omni re scibili et de quibusdam aliis*; er weiss nicht einmal selbst, dass er nicht deutsch schreiben kann; er hat eine bedenkliche Neigung zu unanständigen Witzen. Diese und einige andere Eigenschaften des Verf. waren uns theilweise schon aus seinen früheren Schriften bekannt, alle bethätigen sich aber hier in ganz hervorragender Weise. Trotzdem sind die nicht in die *Critica* hineingehörenden *Studien* uns eine willkommene Erscheinung, weil sie .... von Dr. Landberg kommen und ..?

Nein, ich will aufrichtiger sein. Schon in der Vorrede warnt uns der Verf. selbst vor seinem Buche durch die Worte: »*c'est »là un travail sans arrière-pensée, sans amertume et sans parti- »pris*". Solche Dinge sagt kein Gelehrter, wenn er die neuesten Resultate seiner kritischen Thätigkeit bei den Lesern einführen will. Was für Gedanken Herrn Landberg, der jedes kritischen Talentes baar ist, dazu bewogen haben, in so ungeschickter Weise meine bescheidenen Beiträge herabzuwürdigen, ist mir ganz gleichgiltig. Ich bin kein Feind der »Controverse" (*Critica*, S. 89); von Herrn Landberg nehme ich aber hiermit auf sehr lange Zeit Abschied. Sprachtalent und

Dünkel allein berechtigen Einen nicht, mit kritischen Studien hervorzutreten; dazu gehören vielmehr Wahrheitsliebe, Selbstkenntniss und die daraus von selbst sich ergebende Selbstbeschränkung und Bescheidenheit. Bis sich Landberg etwas mehr davon zu eigen gemacht hat, werde ich seine weiteren *Critica*, *Studien* oder wie sie sonst heissen mögen, als pathologisch interessante Erscheinungen betrachten, mich aber natürlich nicht wieder auf eine Widerlegung derselben einlassen.

Leiden, 2 April 1887.   Dʀ. C. Snouck Hurgronje.

Nachtrag zu S. 16. Nach dem Erscheinen der *Critica* habe ich meinem Freunde Abd er-Raḥīm Efendī Aḥmed geschrieben, ich hätte die Redensart ماش احسن من لاش von Egyptern gehört, dieselbe aber nicht in seiner Sammlung angetroffen; er möchte mir mittheilen, ob er den Ausdruck kenne, und was er bedeute. Seine Antwort erhielt ich erst, nachdem zwei Bogen dieser Abhandlung schon abgedruckt waren; er schreibt mir (1 Mai), er habe von Leuten aus Damiette und der Umgegend gehört: ماش خبر من لاش; mit ماش wollten die Leute »irgendwelche Sache" bezeichnen. Mein Egypter fügt aber hinzu: والــذى يغلب عــلى فهمى ان هــذا المثل يمكن تفسيره بغير ذلك فاقول كلمة ماش ليست مركبة من كلمتين ما وشىء كما زعم الدمياطى وانما هى كلمة واحدة دالة على معنى

واحـد وهو نوع من الحبوب المستعملة فى الغـذاء مـثـل الدخن والذرة كما ترى مذكورا فى كتب الزكاة وهو اشبه شىء بالعدس النّح

Die Redensart, welche ich bisher von dem "Ignoranten" nicht gehört hatte, ist ihm also in etwas anderer Form wohl bekannt, und über die Erklärung derselben hat er seine eigene Ansicht. Ich kann dem nur hinzufügen, dass ich dieselbe vielfach von nicht-damiettischen Egyptern gehört habe, und dass alle, welche ich über die Bedeutung von ماش befragte, mir antworteten: اتى شىء كان.

Leiden, 4 Mai 1887.   C. Sn. H.